Hoovering

Cuando tu Ex te manipula para regresar

Marcus W. Oliver

Editorial Anuket

Índice:

Capítulo 1
Introducción
al concepto de Hoovering

El término "hoovering" se utiliza para describir un patrón de comportamiento en el que una persona que ha terminado una relación vuelve a contactar a su expareja con el objetivo de manipularla emocionalmente y posiblemente intentar reanudar la relación. Este comportamiento puede ser intencional o inconsciente, puede ser un síntoma de un trastorno de personalidad o simplemente una forma de obtener atención o de ejercer poder sobre la otra persona.

El término "hoovering" proviene del nombre de la marca Hoover, una empresa que fabrica aspiradoras. El término se popularizó gracias a la escritora y psicóloga clínica británica, Dr. Martha Stout, quien lo usó en su libro "The Sociopath Next Door" para describir cómo las personas con trastornos de personalidad pueden "aspirar" a sus exparejas como una aspiradora.

Desde entonces, el término "hoovering" se ha extendido y utilizado en el lenguaje popular para describir una amplia gama de comportamientos manipuladores y controladores en las relaciones interpersonales. La evolución del término refleja una mayor conciencia y comprensión de cómo los patrones de comportamiento manipuladores pueden dañar a las personas y afectar sus relaciones.

Por lo tanto, el término "hoovering" se utiliza para describir el comportamiento manipulador y controlador (succionador) de una persona (por lo general, narcisista) que busca contactar a su ex-pareja con el objetivo de posiblemente reanudar la relación o simplemente ejercer poder sobre él/ella; o sea, volver a los ciclos de relaciones tóxicas. Alguien que "aspira" teme que su objetivo se "aleje" de él, por lo que puede involucrarse en campañas de bombardeo amoroso, crisis fingidas, acecho o difamación para absorber todo el tiempo, la energía y la atención de su objetivo.

Hay que entender que aquellos que ejecutan el "hoovering", en su esencia son inseguros, y tienen una necesidad apremiante de ser aceptados por la sociedad, para así alimentar su necesidad de autoestima. Son adictos a los altibajos en una relación disfuncional.

Que nos demuestra la realidad

Se comprueba que los "narcisistas" son peligrosos y pueden afectar negativamente nuestra felicidad, por lo que, si te encuentras con uno, date la vuelta y deshazte de él lo antes posible.

Narcisistas, manipuladores, perversos, vampiros energéticos, y otras personalidades endemoniadas parecen inundar cada rincón de la tierra; por eso la pregunta ¿cómo detectarlos, evitarlos o erradicarlos?

En mi opinión, la posibilidad de conocer a una persona verdaderamente peligrosa y destructiva en la vida real, de la que debes deshacerte, es poco frecuente. En su mayor parte, según los registros psicológicos de terapeutas, se documenta a personas bastante comunes como narcisistas o manipuladores, cuyo comportamiento no nos gusta por alguna razón. Es decir, para nuestro ego, conviene "etiquetar" al otro como "problemático o enfermo" en vez de ver nuestros propios errores. Todos somos "no aptos" para diferentes personas en ciertas circunstancias y en diferentes etapas de la vida. Esto no es para nada malo, porque de la misma forma nosotros podemos elegir a quienes queremos a nuestro lado, y rechazar a otros; y como si fuera poco, cuando nos rechazan, podemos conocer nuestro lado "jodido" (que todos tenemos) y poder modificarlo.

No obstante, hay que admitirlo, existen (por no encontrar una palabra mejor en psicología) verdaderos "hijos de perra, o mujeres tóxicas" que solo se sienten a gusto haciendo daño, y de quienes hay que cuidarse.

Para estar advertidos, si un vínculo afectivo puede prosperar (ya sea, si se están conociendo o si se pretende una reconciliación), se debe prestar atención a cómo se desarrolla la relación y a la manera de expresarse de cada uno de los integrantes.

Vale la pena considerar: Si eres ignorada, si él/ella no muestra interés, si no llama o envía algún mensaje, es posible que desaparezca por un prolongado tiempo. Luego aparece y lo descubres muy entusiasmado. De seguro te alegrarás por contactarlo de nuevo. Al reunirse, la conversación siempre girará en torno a los intereses del otro, sus experiencias y necesidades.

Si toma ese carril, vale la pena dejar de lado la ilusión de que esta relación todavía existe y dejar de intentar restaurarla.

No lo dudes, estás siendo utilizada. Cumples una función secundaria en esta relación y solo te recuerdan cuando necesitan quejarte de la vida, pedir ayuda, o quieren una buena noche. Eres una función, no una persona, y tus intereses, sentimientos y experiencias no se tienen en cuenta en absoluto.

A todos nos gusta sentirnos amados, pero debe recordarse que una relación sentimental o de amistad es interesante solo en la medida en que puede cumplir con "deberes".

Si sientes que es muy fácil y rápido que te reemplacen, la relación carece de calidad, y seguramente están contigo para manipularte.

Si persistes en la relación comprobarás que comenzarán a surgir en ti sentimientos de culpa y vergüenza. Entiendes que eres constantemente insultada, expuesta, regañada y castigada. Tu compañero de vida actúa como un padre, y a ti te ubica como a una niña que hay que educar firmemente. Por otro lado, el compañero a veces se comporta como un niño muy desilusionado, ofendido y desesperado, haciéndote asumir la responsabilidad de su incomodidad psicológica. En ambos casos, las relaciones inmaduras con personalidades fuertes no funcionan. Tienes derecho a optar por no participar en estos juegos y a elegir con quién compartir tus días, por lo que no hay que reprocharse por dejar de participar en esta parodia de relación… y romper los enlaces.

Si estás herida o asustada; si te sientes amenazada en una relación y te preocupas constantemente por lo que sucederá en la próxima cita, aléjate. Independientemente del motivo del comportamiento de tu pareja, vivir con miedo constante representa una amenaza inmediata para tu salud física y mental.

Puede que él/ella en pleno trabajo de dominarte, se moleste contigo si intentas quedarte en casa en lugar de pasar la noche con él, rechazará a tus amigos o se burlará de tus pasatiempos. Una persona manipuladora niega que su pareja tenga libre albedrío, viéndola como un objeto.

Resiste los intentos de objetivar la situación, de encontrar respuestas en donde ya no vale la pena, expresa activamente tus quejas y, en casos extremos, rehúsate categóricamente a comunicarte hasta que se detenga.

Vigila si están siendo deshonestos contigo. Es común, la gente oculta y distorsiona la verdad por varias razones; pero hasta cierto grado. A veces se trata de "mentiras piadosas" o secretos de otras personas. Pero si del otro lado tienes a un deshonesto patológico, hay un gran problema de confianza en la relación. Una vez rota, no existe tal cosa como un vínculo fuerte.

Encontrarás en la vida personas que te criticarán; lo que no es del todo malo, ya que no se puede vivir solo de alabanzas, sino que es necesario que nos indiquen nuestros errores… pero de personas que piensan y desean nuestro bien. Si la crítica viene de un celoso o envidioso que solo desea herir ¿vale la pena continuar con la relación?

Las buenas relaciones, especialmente con los seres queridos, brindan alegría y mejoran la vida, y te hacen sentir cálida, tranquila, cómoda y divertida..., eso es bueno. Pero si te sientes incómoda la mayor parte del tiempo y estás constantemente estresada, entonces esta es una oportunidad para considerar terminar la relación.

Capítulo 2
Tipos de hoovering

El hoovering puede manifestarse de diferentes maneras, aunque algunos de los comportamientos más comunes incluyen el contacto frecuente, la manipulación emocional y la idealización del pasado.

El contacto frecuente puede ser uno de los comportamientos más obvios del hoovering. Esto puede incluir mensajes de texto, llamadas telefónicas o correos electrónicos frecuentes, incluso después de que la relación haya terminado. El contacto asiduo puede ser un intento de mantener a la otra persona en la vida del individuo, conservar el control o una forma de abrigar la esperanza de que la relación pueda reanudarse en el futuro.

La manipulación emocional también puede ser un comportamiento común del "aspirador". Esto puede incluir el uso de la culpa, el miedo o la vergüenza para controlar a la otra persona o para obtener una respuesta deseada. Algunos ejemplos pueden incluir amenazas, lástima, e incluso la presión de hacer que el otro se sienta responsable por las emociones del controlador. La manipulación emocional puede ser muy efectiva para hacer que la otra persona se sienta mal por no corresponder, incluso si se han establecido límites o se ha puesto fin a la relación.

La idealización del pasado es otro comportamiento común del hoovering. Esto puede incluir recordar solo los buenos momentos en la relación, resaltar los momentos más felices y las experiencias más emocionantes, y en algunos casos, exagerar el impacto de la relación en la vida del individuo. La idealización del pasado puede ser un intento de reactivar la conexión emocional que la otra persona puede sentir.

Los narcisistas, por su parte, pueden incluso acusar a la víctima de "su cambio repentino e injustificado" o intentar provocarle celos, aduciendo poseer una nueva pareja que le brinda lo que ella se negaba a ofrecerle. Estos comportamientos pueden ser muy efectivos para controlar a la otra persona y mantener una conexión emocional, incluso después de que la relación haya terminado.

Otras maneras en que se manifiesta

• **Él / ella viola los límites personales**: Es importante comprender que nadie tiene derecho a violar sus límites personales, incluso los más cercanos a usted: padres, hijos y familiares. En pareja, por supuesto, definimos los límites personales de manera diferente que con extraños: podemos perdonar a nuestra pareja, pero no a nuestros colegas y amigos. Pero si te sientes incómodo con algo que dice o hace tu pareja, definitivamente vale la pena discutirlo en lugar de aceptarlo sin críticas.

• **No entiende la palabra "no"**: El manipulador sólo tiene sus deseos y opiniones. Por lo tanto, cuando se trata de cualquier problema, desea anteponer sus mejores intereses. Lo más probable es que te pida compartir tu opinión sobre los colores de las cortinas en el resort o en la sala de estar, pero si sus deseos no coinciden con los tuyos, los manipuladores los descartarán rápidamente.

• **Utilizan el chantaje emocional:** Cualquier comportamiento inapropiado o secreto que compartas sin pensar con tu compañero manipulador tarde o temprano se usará en tu contra. Por lo general, sucede en el fragor de la batalla cuando de repente recuerda todas tus transgresiones pasadas y amenaza con revelar tus secretos a los demás.

• **Otra forma de manipulación es intentar que la gente se sienta asustada y avergonzada**: Ella / él actúa como una reina/rey del drama. Los manipuladores a menudo usan declaraciones dramáticas destinadas a inducir sentimientos de culpa y lástima. "Creo que me amas", "Eres el único que me entiende", "Me muero sin ti". Si tu pareja usa tales expresiones emocionales durante los desacuerdos o discusiones acaloradas, asegúrate de que te está manipulando y definitivamente se aprovechará de tu amabilidad… si cedes.

• **Ruega por amor**: Los manipuladores son egoístas y es importante que escuchen constantemente que son los mejores e insustituibles. Estas personas harán cualquier cosa para usar tu amor para forzarte a hacer cosas que no quieres realizar. "Si me quisieras, dejarías ese trabajo", "Me quieres, ¿no?, entonces no me critiques". Esta demanda del amor hacia la víctima es una de las mayores señales de que están tratando de controlarte.

- **Él/ella llora fácilmente**: Todos los manipuladores son actores muy talentosos, de lo contrario nadie caería en su juego. Así que no les cuesta casi nada derramar una lágrima con la intención de generar culpa en su pareja. En este apartado, principalmente se encuentran las mujeres, que saben muy bien que las lágrimas pueden derretir el corazón de un hombre, pero a veces los hombres también cometen delitos con este truco malvado, queriendo demostrar su "lado sensible".

- **Ampliar el rango de manipulación**

Es mucho más fácil mantener a una persona atrapada y deprimida cuando ella no tiene a quien acudir en búsqueda de ayuda y apoyo. Para ello, los manipuladores a menudo tratan de involucrar a los seres queridos del otro, como familiares y amigos, para que estén a su favor, y convenzan a la víctima a esforzarse por la relación.

- **Él/ella nunca admitirá su error**

Independientemente de las circunstancias de la pelea, la víctima siempre tiene la culpa. Los manipuladores son buenos para juzgar al otro, incluso cuando la situación es culpa suya. "Rompí este vaso porque estornudaste", "Me despidieron porque no me apoyaste", "Me enfermé porque me lavaste los calcetines"; esas personas no saben cómo admitir sus errores.

- **Practican Gaslighting (iluminación de gas)**: Este término se refiere a un intento de distorsionar la realidad y hacer que las víctimas se sientan inseguras. "En realidad nunca te grité, solo entendiste mal", "Claro que te avisé que vendría mi mamá, y te olvidaste otra vez". Todo esto hace que la víctima dude de sí misma y finalmente se sienta culpable.

• **Él/ella te menosprecia**: El manipulador intenta de todas las formas posibles asociar a la víctima con él, de modo que, si él está en el podio, a ella la rebaja a un puesto inferior. "No lo habrías logrado sin mí", "Bueno, ¿quién te necesita así, sino yo?" Con el tiempo, la víctima comienza a creer que el vínculo con el manipulador es indisociable, y ni siquiera intenta terminar con la relación tóxica.

• **Él / ella a menudo finge estar enfermo**
Para salir de una conversación seria, el manipulador puede decir que está enfermo o incluso fingir que se ha desmayado. El mismo truco se utiliza para invocar la piedad de la víctima para que ella, a su vez, perdone inmediatamente a su pareja. Después de todo, los manipuladores no pueden pedir perdón.

• **Frases usadas**: La frase "Estaba bromeando" es una de las formas más bajas y al mismo tiempo efectivas de manipular. Por lo general, se usa después de que ofendieron, criticaron o lastimaron. Con la ayuda de estas palabras, una persona, en primer lugar, se libera de la responsabilidad por las palabras groseras y, en segundo lugar, nuevamente, hace sentir al otro culpable: "tú mismo tienes la culpa de reaccionar tan bruscamente a una broma inofensiva".

• **Se burla de ti en público**
Tratar de avergonzar a su pareja en público, hablar de sus secretos con amigos es otra señal de que el manipulador está en acción. Con la ayuda de este truco, el abusador intenta, por un lado, mostrar lo

patético e inútil que es su pareja y, por otro lado,
demuestra que solo él estará a su lado pase lo que
pase.

Capítulo 3
Relaciones disfuncionales y abusivas

Las relaciones disfuncionales son aquellas en las que las personas involucradas tienen dificultades para comunicarse de manera efectiva, no respetan los límites y necesidades del otro, y no pueden resolver conflictos de manera saludable. Estas relaciones pueden ser emocionalmente agotadoras y causar estrés y ansiedad.

Por otro lado, las relaciones abusivas son aquellas en las que una persona ejerce control y poder sobre la otra mediante el uso de violencia física, emocional o sexual. El abuso puede ser verbal, psicológico, financiero o físico y puede tener consecuencias graves y duraderas para la salud mental y física de la persona afectada.

Algunos signos de una relación disfuncional o abusiva incluyen:

- Control excesivo por parte de uno de los miembros de la relación.
- Manipulación emocional o psicológica.
- Celos excesivos e infundados.
- Aislamiento de amigos y familiares.
- Críticas y humillación constante.
- Amenazas o intimidación.
- Abuso físico o sexual.

Naturaleza de las relaciones abusivas

A lo largo de la historia, la sociedad ha sido el núcleo de la existencia humana. Para que la sociedad exista como un todo, debe haber mecanismos que afecten a sus miembros individuales. Así, casi todas las personas están dotadas de un mecanismo de influencia que las hace susceptibles a ser manipuladas y a manipular a su vez, ya sea de manera positiva o negativa. La influencia no solo es de persona a persona, sino de individuos a sociedad y viceversa.

Para deshacerse de la influencia negativa, algunas personas están acostumbradas a actuar pasivamente y así dejarse manipular. Por lo tanto, una persona se niega a sí misma y a la oportunidad de reflexionar sobre la situación y poder actuar de manera diferente. Las personas que recurren a un manipulador también se acostumbran a verse obligadas a actuar por cierto sentimiento y comienzan a manipularse a sí mismas.

Dominar la comunicación es ante todo liderazgo. La interacción con otras personas se basa en el hecho de que siempre queremos algo del otro y tratamos de conseguirlo. Lo mismo sucede en las relaciones matrimoniales, porque los deseos de las personas cercanas no siempre son los mismos, y si no se ponen de acuerdo, comienzan a influirse mutuamente a través de la manipulación.

"La manipulación se produce cuando un individuo o grupo de individuos ejerce una toma de control del comportamiento de una persona o de un grupo, utilizando para ello técnicas de persuasión o de sugestión mental, en busca de eliminar las capacidades críticas o de autocrítica de la persona, esto es, su capacidad de juzgar o de rehusar informaciones u órdenes mentales (Wikipedia)".

Esta manipulación se basa en una ligera disonancia cognitiva causada por mezclar verdad y mentira. La más mínima tergiversación de los hechos es suficiente para crear una sensación incómoda de inconsistencia en los datos. Las relaciones conyugales a menudo se basan en un comportamiento manipulador, ya sea consciente o inconscientemente.

La manipulación en las parejas afectivas tiene como objetivo satisfacer las necesidades personales a expensas de la otra persona, evitando la interacción directa y abierta con ella. En otras palabras, en tal relación, uno de los miembros trata de satisfacer sus propias necesidades de forma distorsionada, posiblemente sin siquiera considerar las necesidades del otro. Un cónyuge manipulador muestra una crueldad deliberada al utilizar diversos medios para obligar a la otra persona a someterse por completo a su voluntad.

A menudo, los cónyuges controladores notan las debilidades de su pareja y actúan en consecuencia. Los manipuladores se caracterizan por una naturaleza egoísta, un deseo de poder en las relaciones y una incapacidad para amar verdaderamente y sentir compasión. Los subordinados, por el contrario, tienen personalidades blandas, sensibilidad y dependencia emocional. La manipulación en las relaciones afectivas (ya sean maritales o de noviazgo) se puede dividir en tres tipos:

1)   **Negativa** - dañar a la pareja.
2)   **Positiva** - en el marco del bien común. Puede ser divertido, jugar y cuidar.
3)   **Neutral** - en interés del socio.

En manos de un hábil manipulador, el cónyuge inconscientemente toma decisiones inusuales y acepta el mal comportamiento del otro. Con el tiempo, las relaciones insanas se vuelven la norma en la pareja y cumplir los objetivos personales del manipulador se convierte en un juego egoísta y unilateral.

La manipulación en las relaciones conyugales tiene sus propias características para los cónyuges de diferentes géneros y diferentes duraciones del matrimonio. Los cónyuges que han estado casados por más de 10 años tienen más probabilidades de ser manipulados que aquellos que han estado casados por menos de 5 años. Los hombres son más propensos que las mujeres a ser manipulados en las relaciones maritales. Hay diferencias en las técnicas de manipulación que usan los hombres y las mujeres en la comunicación marital.

En las relaciones conyugales, el manipulador dispone de varios métodos básicos de manipulación para conseguir objetivos personales:

Manipulación del amor. Muchas veces, al menos una vez, un cónyuge le ha dicho a su esposo o a su esposa: "Si amas, lo harás". Esta es la parte más débil de una persona emocionalmente dependiente. Después de todo, el miedo al rechazo o a perder a un ser querido es uno de los miedos más poderosos. Por lo tanto, el manipulador puede hacer que el cónyuge alcance sus objetivos presionando sus sentimientos.

Manipulación de la ira. Un manipulador, al ver que sus demandas no son satisfechas, puede maltratar a su cónyuge, gritar, golpear y patear, obligando al otro a ceder y dejarse manipular. Si no hay interposición, significa que los gritos y los escándalos se convertirán en una parte integral de la vida matrimonial.

Manipulación de la culpa. El manipulador emocionalmente adicto intentará manipular a su pareja con las palabras "es por ti que me volví así" porque deliberadamente se convierte en una víctima.

Manipulación por chantaje. El deseo de recompensa oculto en el manipulador es el poder influir en su pareja. Si este método no funciona, el manipulador recurre al chantaje. No se puede confiar en él si amenaza con suicidarse; estas personas están demasiado enamoradas para hacer eso.

De hecho, la manipulación en las relaciones matrimoniales es bastante común. Además, cualquier relación es inherentemente manipuladora. Todos tienen su propio objetivo y todos quieren lograrlo. Pero todo debe hacerse con moderación. Si la relación se basa únicamente en la manipulación, cuando no hay lugar para la comunicación sencilla y fácil y la alegría de estar juntos, se debe pensar en cómo no sucumbir a la manipulación.

En una relación afectiva, puede ser difícil para uno de los dos admitir que su pareja es un manipulador. Pero una cosa es natural y vinculante: las manipulaciones deben detenerse, no importa si uno se deja controlar conscientemente o si el manipulador está sujeto a problemas psicológicos. Vivir con un manipulador, tratar de comprenderlo e incluso protegerse de sus manipulaciones es una tarea muy difícil.

Debe entenderse que la lucha contra la manipulación solo te estresará, aumentará la ansiedad y, lo que es más importante, destruirá los cimientos de la relación: ninguna oportunidad de abrirse, ninguna decisión libre de acercarse y ser tú misma.

Algunas personas están acostumbradas a ser víctimas y pueden adherirse con seguridad a ambos lados de la oposición: ellos mismos son manipulados o sucumben a la manipulación. La manipulación durante los conflictos familiares es potencialmente peligrosa, incluso cuando se usa para el bien. Por lo tanto, es importante saber cómo lidiar con un manipulador en una relación sentimental. Dependiendo de la situación, debe elegir la acción más adecuada:

• **Terminar el contacto**: Si el manipulador no quiere renunciar, aléjese de él, no pruebe nada y no ofrezca excusas.

• **Preste atención a si el manipulador tiene el derecho moral de decir lo que dice**.
• **No espere que el manipulador haga su jugada**. Esta técnica se usa para evitar que el dominante, sabiendo de antemano lo que hará su pareja (llorará, se irá, empezará a poner excusas, etc.) actúa para retenerla. Recuerde, los No, son No, no un "quizás".

• **Gracias por preocuparte**. Las técnicas de apaciguamiento se utilizan cuando la pareja posesiva comienza a manipular la atención. Sin embargo, esto se puede contrarrestar entregando emociones positivas en lugar de las esperadas por el manipulador (culpa, ira, etc.).

• **Ignorando los supuestos dichos**: Se debe responder a lo que se dijo no a los supuestos.

• **Respuesta constructiva:** El análisis de la manipulación tiene dos partes: hechos reales y costos emocionales. Solo necesita responder a los hechos con evidencias, que es lo más constructivo.

• **Haga preguntas específicas sobre la manipulación**. Ayudarán a detener el estrés y la ira del manipulador y así reducir los efectos. Su esencia es transferir la conversación de una dirección emocional a una constructiva.

El objetivo de este enfoque es hacerle saber al manipulador que estás comprendiendo sus motivos y que no cederás ante ellos. Las preguntas deben ser lo más abiertas posible, sin influencias ni emociones. Por lo tanto, para resistir la manipulación en las relaciones afectivas y no crear conflictos en ellas, es importante no involucrarse en un juego que ya ha comenzado. Después de su primera señal (agresiva, encubierta, amistosa), muéstrale claramente al manipulador que conoces sus intenciones.

Capítulo 4
Factores que contribuyen
al Hoovering

El hoovering es un comportamiento complejo que puede ser causado por una variedad de factores, algunos de los cuales suelen ser internos al individuo y otros que pueden estar relacionados con la situación en sí.

Un factor que puede contribuir al hoovering es un trastorno de personalidad. Las personas con dicha patología pueden tener dificultades para mantener relaciones saludables y estables, y suelen utilizar el hoovering como una forma de mantener el control y la atención de su ex-pareja. Algunos trastornos de personalidad, como el trastorno narcisista de la personalidad o el trastorno límite de la personalidad, pueden estar especialmente asociados con este fenómeno de manipulación.

Otro factor que puede contribuir al hoovering es el miedo a la soledad. Las personas que tienen dificultades para estar solas pueden sentirse atraídas por el hoovering como una forma de mantener una conexión emocional y evitar la sensación de aislamiento o abandono. Este miedo puede ser particularmente fuerte en personas que han pasado mucho tiempo en relaciones emocionalmente intensas o tóxicas.

El deseo de controlar la situación también puede ser un factor en el hoovering. Las personas que pueden sentir que han perdido el control de la relación o de su vida, en general llegan a utilizar el "aspirador" como una forma de recuperar poder e influencia. El hoovering también puede ser una forma de manipular la situación para obtener una respuesta deseada, como la atención o el afecto de la otra persona.

Entender estas causas puede ayudar a las personas a reconocer el comportamiento del hoovering y a desarrollar estrategias efectivas para manejarlo.

Características del narcisista

El narcisismo es un rasgo psicológico en el que una persona cree que es un individuo único y mejor que otras personas, pero esto no siempre es cierto. De hecho, muchas personas tienen estos rasgos en su personalidad. El narcicismo es el principal rasgo de los manipuladores.

En una personalidad sana, existe una ambición y un deseo de agradar a los demás. Sin embargo, bajo ciertas condiciones de la infancia, el comportamiento puede convertirse en una patología que suele ir acompañada de otros diagnósticos, como el trastorno bipolar y la depresión. Contrariamente a la sabiduría convencional, las personas con trastorno de personalidad narcisista no se gustan mucho a sí mismas. En cambio, admiran su excelente proyección, que les permite cerrar la brecha de autoestima. Esta defensa evita que el narcisista desarrolle sentimientos negativos profundos o dudas sobre sí mismo.

Una persona con este trastorno no tolera la más mínima crítica, toma un comentario como un insulto personal y hace una rabieta si alguien se niega a apreciarlo.

¿Cómo reconocer a un narcisista?

Según el Manual del Psiquiatra Estadounidense, hay nueve síntomas del trastorno narcisista de la personalidad. Si hay al menos cinco de ellos, los médicos pueden sospechar de dicho trastorno. Por lo general, esta persona se caracteriza por:

• **Tener un sentido inflado de autoestima**. A menudo exagera sus logros y talentos. Quiere que la gente admire sus acciones, aunque sean pequeñas. Si un narcisista organiza una limpieza de jardín, al menos el periódico regional debería cubrirlo.

• **Se encuentra ocupado en fantasías de éxito ilimitado, poder, belleza o amor perfecto.** Con cada nueva pareja, el narcisista puede decirle que es el amor de su vida o esperar a que cumpla su fantasía. El comienzo de esta relación puede ser mágico, pero de corta duración.

• **En el trabajo se consideran genios**. Si no se desempeña bien, simplemente cree que el éxito está a la vuelta de la esquina.

• **Piensa que es diferente a todos los demás y que pocos pueden igualarlo**. Por lo tanto, el entorno debe coincidir. Los narcisistas eligen a personas "especiales" como amigos y compañeros, como sujetos con un alto estatus social o apariencia de modelo. Así, parece reflejarse a sí mismo a través de ellos, porque sus problemas son únicos y solo pueden ser entendidos por personas especiales. A los narcisistas les gusta estar asociados con grandes marcas, ya sea en sus proyectos de trabajo o en sus elecciones de ropa.

• **Requieren atención constante, aprecio y admiración**, incluso si acaba de sacar la basura o preparar la cena. Está seguro de que todo el mundo le debe eso. Las personas cercanas tienen la obligación de satisfacer sus demandas en la primera llamada.

• **Utiliza a los demás para lograr sus objetivos**. Es una cuestión de rutina para él. Los narcisistas no están acostumbrados a reconocer verdaderamente el servicio recibido y solo lo harán dentro de los estándares morales aceptados.

• **Tiene problemas con la empatía**. Tales personas no pueden comparar sus sentimientos con los de los demás. Entonces el narcisista ni siquiera piensa en eso cuando lastima a alguien. Muchas veces este comportamiento se confunde con el abuso de pareja por parte del narcisista. A menudo están celosos de los demás, pero, piensa que son los otros los que están celosos de él. En este último caso, es precisamente esta circunstancia la que explica la crítica del narcisista a los demás en el habla. Es arrogante con los demás. Tales personalidades realmente creen que son mejor que otras personas y que las deficiencias de los otros son una gran razón para la autoafirmación.

Los hombres y las mujeres son narcisistas.

Según un estudio de la Universidad de Buffalo que analizó datos de 475 mil personas diagnosticadas con algún tipo de trastorno narcisista, determinó que los hombres tienen más probabilidades de padecer esta afección que las mujeres. Los datos se recopilaron durante un período de 30 años, durante el cual los porcentajes entre los sexos no cambiaron mucho.

Al hacerlo, los investigadores notaron dos puntos importantes. En primer lugar, es más probable que los narcisistas masculinos se aprovechen de los demás y se sientan con derecho a ciertos privilegios más que las narcisistas femeninas. En segundo lugar, es más probable que los hombres busquen el poder. La explicación de los investigadores para esto es que, hasta hace poco, las cualidades de liderazgo no cumplían con los criterios de feminidad. Cuando se trata de la vanidad y el deseo de autoexpresión, el estudio determinó que no hay mucha diferencia entre hombres y mujeres al respecto.

Tipos de narcisos y su formación.

Existen diferentes enfoques sobre la cuestión de la formación del narcisismo, incluidos los estudios que permiten las influencias genéticas, pero este no es un factor determinante en la formación de este tipo de personalidad.

En 1914, Sigmund Freud argumentó que los niños de alguna manera pasan por una etapa de narcisismo primario. Lo ve como una etapa intermedia de crecimiento, pero luego enfatiza otras formas de narcisismo que están más relacionadas con los trastornos mentales.

La representante neurofreudiana Karen Horney consideró que el desarrollo de este rasgo de personalidad puede estar relacionado con el hecho de que los padres animan a sus hijos de diversas formas a construir defensas psicológicas. Por ejemplo, podían delegar la realización de sus ambiciones o rechazar las manifestaciones reales del niño, inculcando un sentimiento de inferioridad.

El psicoterapeuta e investigador Otto Kernberg también ha señalado la contribución de las figuras paternas en la formación de los trastornos narcisistas. Compara el narcisismo con un pilar falso construido por una persona para ganarse la admiración y la confianza de los demás, que no recibió de sus padres cuando era niño y no puede dar como adulto.

En el libro de la psicóloga Elinor Greenberg Borderline, Narcissistic and Schizoid Adjustments: The Search for Love, Admiration and Security la autora divide a los narcisistas en tres tipos:

• **Abierto o grandioso**. Estereotipo encarnado. Todo su cuerpo grita: "Mírame". Este comportamiento infantil muestra a una persona atrapada en una época en la que los adultos prestan demasiada atención a los niños, los alaban demasiado, les hacen pensar que son especiales y se olvidan de enseñarles empatía.

- **Oculto o suprimido**. Estas personas pueden haber crecido en un hogar donde un pariente (incluida la madre o el padre) era narcisista. Al mismo tiempo, la competencia por el amor y la atención era feroz. Por un lado, los niños imitan los patrones de comportamiento de los padres narcisistas, por otro lado, estos niños forman mecanismos de defensa, porque los narcisistas adultos definitivamente se defenderán a sus propias expensas. Al crecer, esa persona no puede decir abiertamente que es especial. Prefieren elegir una persona, un libro, un objeto y promover sus virtudes. Entonces el narcisista los compara consigo mismo. En las relaciones, a este tipo de personas no les gustan los conflictos. Su arma es la agresión pasiva. Una técnica favorita es hacer un compromiso y romperlo, luego culpar a la otra persona. Tienden a ser inseguros y su comportamiento contradictorio conduce a menudo a la depresión.

- **Patológico o tóxico**. Estos personajes van aún más lejos. Les gusta no solo admirar, sino también obedecer. Este tipo de narcisista disfruta creando el caos a su alrededor y recreando la misma destrucción que dominó sus relaciones infantiles con sus padres. Estos narcisistas a menudo envían a sus parejas a una montaña rusa emocional de humillación y elogios. Les encanta arruinar las carreras de otras personas y destruir la moral y el espíritu de los otros, que para él son inferiores o contrincantes.

Tratamiento para el Narcisismo

La mayoría de las veces, los narcisistas ni siquiera sospechan que les pasa algo porque no se culpan a sí mismos por nada. Entonces, si estas personas son vistas por un especialista, la causa puede ser un problema relacionado: depresión, trastorno bipolar o abuso de alcohol. El narcisismo aún no se cura, aunque la psicoterapia tiene un efecto positivo en tales pacientes. Las lecciones bien estructuradas pueden ayudar a una persona a mejorar las relaciones con sus seres queridos, aprender a resistir las críticas, dejar de menospreciarse a sí mismo y a los demás, establecer metas realistas y lograrlas, en lugar de soñar solo en las alturas.

¿Cómo tratar con un narcisista?

No siempre es fácil tener una relación igualitaria con un narcisista. Algunas personas prefieren erradicarlos. Pero, ¿y si eso no es posible? Digamos que esa persona es un miembro de la familia o un ex esposo con quien tienes hijos.

Lo primero que recomiendan los psicólogos es tratar de mantener la distancia emocional. Ignorar las declaraciones y acciones tóxicas. No tiene sentido esperar un cambio repentino en el comportamiento de estas personas. Según la investigación, los narcisistas tienden a no aprender de sus errores simplemente porque creen que no los cometieron.

Tus límites personales son tu protección contra el comportamiento del narcisista. "Nunca me volverá a pasar", "No me dejaré engañar por esta manipulación": estas frases ayudan a evitar conversaciones desagradables o solicitudes intrusivas del narcisista.

Si el narcisista comienza a recurrir a la manipulación, las respuestas más cortas y condicionales de "sí y no" serán los aliados más importantes en las conversaciones con esa persona. Al reducir la comunicación, decrece en gran medida las razones del manipulador de usar una frase y un ataque en particular.

Mantente en el tema y no te desvíes. Tu oponente puede estar tratando de sacarte del apuro culpándote o tomándolo como algo personal. En este caso, la frase "Nos estamos saliendo del tema" ayudará a que la discusión vuelva a encarrilarse.

Si realmente necesitas algo de un narcisista, no escatimes en hacerle cumplidos (por más que por dentro le estés diciendo ¡jódete!). Lo más probable es que incluso disfruten de cumplir con tus demandas. Sí, es manipulación, pero ¿quién dijo que solo los narcisistas pueden usar esta técnica?

¿Cómo deshacerse de un narcisista

Terminar una relación nunca es fácil. El divorcio puede ser doblemente difícil para un narcisista. Para él, ser abandonado será un insulto intolerable. Así que no se detendrá ante nada para intentar traer de vuelta a la pareja (Hoovering). Durante este tiempo, se volverá sensible y tierno, y jurará amor eterno hasta que su víctima pierda las defensas. Como resultado, las relaciones con los narcisistas a menudo se convierten en ciclos de ruptura y reencuentro. Sin embargo, si decides terminar la comunicación, los psicólogos recomiendan:

• **Escribe por qué quieres irte**. Es mejor guardar esta lista en caso de que el narcisista decida arrastrarte de vuelta a la relación hablando sobre el amor eterno.

• **Abandona la fantasía**. Estas personas son difíciles de cambiar, especialmente sin la ayuda de especialistas. Evalúa si tienes tiempo para esperar que finalmente aprenda a mostrar empatía y respeto.

• **Corta todo contacto**. Pídele a un amigo que retire las pertenencias del narciso en tu poder, o que busque las tuyas en tenencia del otro. Bloquea a esta persona de todas las llamadas y chats. Si tienes hijos, primero pídale a un familiar que venga a la reunión por el régimen de visitas.

• **Deja ir tus emociones**. Romper, incluso con una persona tóxica, siempre es difícil. Date tiempo para superar la situación. Simplemente no esperes que el narcisista sea recompensado. Es posible que durante este tiempo intente reconstruir su yo roto sin elegir la forma más conveniente de hacerlo: les dirá a todos lo mal que está o buscará consuelo en los brazos de otra persona.

Capítulo 5
Tristeza y resistencia
al abandono

Abordaremos en primer término a la tristeza, una de las emociones desencadenantes por el Hoovering, que a veces, con el fin de eliminar su persistencia, hace tomar medidas no promisorias a quien la sufre.

¿Qué es la tristeza?

La tristeza es considerada una de las emociones humanas básicas, una respuesta natural a situaciones que involucran dolor mental, emocional y/o físico. Nos ayuda a identificar lo que es importante para nosotros, nuestros gustos y disgustos, y nos ayuda a lidiar con experiencias difíciles como la angustia, la decepción y el dolor.

Cuando estamos tristes, generalmente sabemos por qué. Puede ser una experiencia específica e identificable o una serie de experiencias.

La intensidad suele disminuir a medida que el individuo resuelve la experiencia dolorosa. Aunque el duelo puede durar días o semanas, dependiendo de lo que lo haya causado.

La tristeza es reconocible tanto en el comportamiento como físicamente. Comportamientos como el llanto o el aislamiento social temporal son típicos.

Aunque a menudo se asocia con circunstancias desfavorables, no siempre se ve de forma negativa. A muchas personas les gusta ver películas o escuchar música triste, porque llorar es una excelente manera de relajarse.

Si bien esto puede causar una pérdida de interés en ciertas actividades, también puede provocar una búsqueda de placer, como motivarse para buscar otras actividades. Además, las experiencias tristes y dolorosas pueden contribuir directamente a rasgos de personalidad como la fortaleza de voluntad, la calma y la resiliencia.

En muchos casos, la tristeza excesiva y persistente es el resultado de un hábito sutil en el que todos caemos: enseñar a nuestra mente a temer nuestras emociones. Muchos de nosotros hemos crecido en una cultura que nos dice que las emociones negativas son malas y deben eliminarse lo antes posible. Algunas frases que se repiten con frecuencia son:

"¿Estas triste? ¡Intenta ver el lado positivo! "¿Estás preocupada?" No te alarmes, todo estará bien".

Incluso si bien intencionadas, afirmaciones incapacitantes como estas enseñan una lección peligrosa: si algo duele, debe eliminarse lo antes posible. Pero eso no es verdad. El hecho de que nuestros sentimientos sean dolorosos no significa que deban eliminarse. Las llamadas "emociones negativas" como la tristeza y el miedo ciertamente no son agradables, pero pueden enseñarnos una lección muy importante.

Si constantemente luchamos o huimos de nuestras emociones negativas, estamos entrenando nuestra mente para percibirlas como un peligro. Esto significa que cada vez que experimentamos una emoción pesimista, nos golpea una doble emoción negativa: me siento triste, entonces siento que algo anda mal.

La tristeza es bastante dura, pero debido al disgusto de nuestra cultura, también sentimos vergüenza y culpa. Un círculo vicioso de hecho.

¿Cuál es la causa de la tristeza?

Como sabes, hay muchas razones para la tristeza y los sentimientos de cada persona pueden variar de persona a persona. Veamos cuáles son los más comunes:

• Eventos dolorosos de la vida (por ejemplo, la pérdida de un ser querido, el final de una relación o un abandono, la pérdida de un trabajo)
• Decepciones
• Ser ignorado o burlado
• Ser malinterpretado
• No lograr los objetivos
• La pérdida de un aspecto importante de uno mismo (por ejemplo, la autoestima).

En otros casos, la causa se remonta a una condición de salud mental específica, como depresión, ansiedad, anorexia, bulimia u otras condiciones específicas. Además, si no se abordan, ciertas emociones negativas pueden llevar al individuo al aislamiento social: un patrón de comportamiento que está estrechamente asociado con muchas enfermedades mentales.

Tristeza y depresión

La tristeza suele pasar con el tiempo. Si esto no sucede y la persona no puede volver a funcionar normalmente, esto puede indicar depresión. Si te sientes triste durante mucho tiempo (normalmente más de 2 semanas), intenta buscar ayuda médica o psicológica.

Recordar:

Estar triste:
* Es un sentimiento
* Viene y va
* Es solo emocional
* Hay una razón específica
* Días o semanas de duración
* Pensamientos dolorosos
* Es difícil pero tolerable
* Te hace sentir cansado

Depresión mayor:
* Es un estado del ser
* Es un sentimiento constante y crónico.
* También es físico y psicológico
* Puede parecer ilógico
* Incluso puede durar años
* Pensamientos repetitivos y catastróficos
* Sentimientos de desesperación
* No te permite salir de casa

Cómo manejar y enfrentar la tristeza

• **El valor de la tristeza**: ¿por qué es importante sentirla profundamente?

La tristeza puede ser una emoción adaptativa con beneficios reales. Este sentimiento puede recordarnos lo que es importante para nosotros y lo que le da sentido a nuestra vida.

Cuando reconocemos esto y nos permitimos experimentarlo profundamente, nos sentimos más arraigados, más nosotros mismos y más resistentes. Por el contrario, si le tememos y no la dejamos actuar, la misma se dirigirá a nuestro interior, permitiendo que la opresión se convierta desproporcionadamente en depresión.

• **La manera correcta de expresarla**

1. **Dejarla salir de nuestra vida**: llorar, gritar, déjala ir a través de la palabra.

2. **Expresarla creativamente**: dibujar, pintar, cantar, escribir, componer poesía o una canción, etc.

3. **Escuchar música**: intente escuchar música que refleje su estado de ánimo.

4. **Registre sus emociones**: trate de plasmar sus emociones en un papel (por ejemplo, en un diario).

5.   **Compartir:** Hable de las emociones que sientes con alguien de confianza, o llegado el caso, con un terapeuta.

• **Relacionarse con los demás a través de la tristeza**. Este sentimiento puede ser una herramienta poderosa para acercarse a los demás, conectarse más con su ser interior y compartir nuestra humanidad más auténtica. Veamos algunos métodos:

Expresa tu vulnerabilidad: la tristeza es definitivamente una de las emociones más difíciles de expresar a los demás porque requiere vulnerabilidad. Si queremos conectarnos con los demás, debemos estar dispuestos a compartir nuestras vulnerabilidades.

Muestra tu empatía: Cuando vemos a alguien en problemas, instintivamente queremos ayudarlo. Comunicar no es lo mismo que tener todas las respuestas o saber qué decir, se trata más de escuchar y estar presente. La verdad existe en el presente y no hay necesidad de cambiarla.

Comunica tus necesidades: Frases como "abrázame fuerte hasta que me calme" pueden ayudar a que los demás se sientan útiles cuando nos apoyan. Aquellos que quieren ayudarnos a menudo hacen lo que pueden, y si puedes comunicar tus necesidades, la otra parte puede entenderte mejor.

• **No necesitas menos tristeza, necesitas una nueva relación con ella:** Una de las formas más contradictorias pero efectivas de romper el ciclo de la tristeza permanente es dejar de huir de ella o de intentar "arreglarla". Por el contrario, tomarse el tiempo para acercarse e incluso darle la bienvenida, resulta más positivo. Cuando nuestra mente realmente comienza a creer que esta emoción no es mala, deja de agregarle más emociones negativas.

• **Una forma de cambiar tu relación con la tristeza**

Reserva un tiempo regular para reflexionar conscientemente y estar con tu estado decaído.

1) **Programa un horario constante:** Es importante que puedas encontrar un horario fijo que sea siempre el mismo.

2) **Puedes empezar con 10 minutos**: es importante empezar, el tiempo se puede ir aumentando paulatinamente.

3) **Trata de escribir cualquier cosa que te moleste**: Intenta concentrarte en la emoción que la causó (como un pensamiento o evento) y cómo lo manejas normalmente. Al tomar conciencia de tus pensamientos y comportamientos en relación con las emociones que sientes, puedes comenzar a elegir diferentes opciones.

4) **No analices en exceso**: evita analizar en exceso o juzgar lo que estás haciendo (terminarás empeorando las cosas). Se trata de ti, de tus sentimientos y de lo que intentan decirte.

Este método es muy simple, pero no significa que sea fácil. Sin embargo, este puede ser un gran primer paso para cambiar tu relación con este sentimiento "difícil" en lugar de seguir negándolo.

A continuación, desarrollaremos un segundo componente que surge en el Hoovering, que es el temor a ser abandonado.

El síndrome del abandono

En psicología, el síndrome de abandono se entiende como un miedo excesivo y abrumador a que una persona cercana pueda alejarse o dejarlo abandonado.

Suele comenzar en la infancia como resultado de una pérdida o alienación traumática. Los niños que pasan por esta experiencia desarrollan el miedo de perder a su pareja ya de adultos. También puede dificultar que un niño confíe en sus mayores y hacer que se preocupe por quién será el próximo en dejarlo.

Si se tiene síndrome de abandono, puede ser difícil mantener una relación sana. Este miedo intenso puede hacer que se levante un muro para evitar lastimarse o sabotear la relación sin saberlo. Puede que se esté bien por un tiempo, pero en algún momento la persona se sentirá insegura y pensará que su pareja se va a ir.

Aunque oficialmente no es una fobia, sin duda es una de las más comunes y peligrosas: comportamientos compulsivos y patrones de pensamiento que afectan las relaciones, lo que a menudo conduce al abandono y la alienación genuina. El primer paso para solucionarlo es identificarlo y comprenderlo.

El Síndrome de Abandono se manifiesta a través de una tendencia a estar demasiado disponible y a buscar la seguridad constante de que uno es digno de amor, experimentando una ansiedad constante.

Los síntomas son los siguientes:

• Experimentar ansiedad por la separación
• Siempre estar cauteloso y, a menudo, ceder demasiado.
• La necesidad de controlar a los demás (sobrecontrol)
• Sentimientos de inseguridad
• Demasiado sensible a las críticas. No puede confiar en la gente.
• Toma precauciones especiales para evitar el rechazo o la separación.
• Experimenta ira reprimida e impulsos incontrolables (arrebatos)
• No puede comprometerse con una relación y rara vez tiene una a largo plazo. Cuando las cosas no van bien, se culpa a sí mismo.
• Suele estar en una relación disfuncional
• Las personas que sufrieron abandono en la infancia pueden sentirse atraídas por quienes las maltratan y las abandonan.

¿Cómo se manifiesta el síndrome de abandono en una relación?

El historial de apego temprano de una persona sirve como un modelo de trabajo interno de cómo espera que funcione una relación. Esto significa que las personas pueden cargar con sus inseguridades y expectativas acerca de cómo se comportarán los demás desde la niñez hasta la edad adulta.

Si experimentaste un patrón ambivalente cuando eras niño, se convertirá en un patrón de apego compulsivo cuando seas adulto y seguirás sintiéndote muy inseguro en tus relaciones. Los adultos que experimentan abandono suelen tener este estilo de apego: tienden a anticipar el rechazo y buscan signos de desinterés en su pareja.

Sus miedos también pueden ser desencadenados por signos de rechazo muy sutiles o imaginarios basados en rechazos reales de la infancia. Como resultado, pueden parecer posesivos, controladores, celosos y exhibir comportamientos como la necesidad de que los tranquilicen y la falta de confianza. A menudo creen que, a menos que expresen su frustración y enojo de manera asertiva, es poco probable que la otra persona les corresponda. En otras ocasiones, el miedo puede conducir a la supresión total de los sentimientos.

En ambos casos, estos individuos fueron influenciados por eventos pasados. Lidiar con estos sentimientos es clave para sentirse más seguro y vivir una relación más saludable.

¿Cómo afecta este miedo a las relaciones?

Este miedo se manifiesta en individuos que creen plenamente que su pareja los dejará. La pregunta no es si será abandonado, sino cuándo. Esto genera preocupaciones diarias acerca de un potencial abandono, lo que se traduce en acusar a su pareja de engañarlo o de querer irse.

Estas personas sienten que no se puede confiar en ellas porque la confianza se ha roto por completo en el pasado. Esto les lleva a reavivar el mismo tipo de relación: una profecía autocumplida.

Sin embargo, estos hombres nunca asumen la responsabilidad ni entienden su contribución a la desaparición final de su relación. Su explicación más común es "no se puede amar, los demás siempre me dejan sin explicación".

7 pasos para superar el miedo al abandono

Como hemos visto, muchas personas tienen este miedo porque fueron abandonadas demasiado pronto. A veces se trata de una relación pasada, pero en la mayoría de los casos hay que buscar la causa en la infancia. En cualquiera de los casos, se pueden seguir los siguientes consejos para superar y manejar estos miedos para que se pueda tener una relación más sana y satisfactoria.

1) Admitir que se es digno de amor

Las luchas emocionales de las personas con síndrome de abandono están relacionadas con el sentimiento de que no son dignos de amor.

El cerebro del niño procesa la información de esta manera: "Si me ama, no me dejará". Pero si el abandono (separación de los padres) ocurre, con el tiempo, es posible que haya comenzado a preguntarse por qué:

"¿No soy lo suficientemente cariñoso?"
"¿No soy lo suficientemente inteligente?"
"¿No soy lo suficientemente importante?"

Estos pensamientos pueden ser muy profundos y continuar hasta la edad adulta; el resultado es un adulto que no se siente amado. Aquí, el primer paso para superar este miedo es darse cuenta de que se es digno de amor y volverte emocionalmente autosuficiente.

Tu identidad nunca debe estar ligada a una relación: es parte de ti, pero no te define. No importa si estás soltero o casado.

No bases tu valor en nadie más que en ti. Eres digno de amor solo porque lo eres. No necesitas nada más. Tú eres responsable de tus sentimientos y eres una persona con tus propias necesidades y deseos.

2) Si quieres controlar tu miedo, infórmate

Intenta hacerte algunas preguntas:

¿Dónde empezó tu miedo al abandono? ¿Qué pasó en tu vida que te hizo sentir así? ¿Tus miedos pasados están apareciendo en tu relación actual? Estas preguntas pueden ayudarte a comprender dónde y cuándo comenzó tu miedo y cómo todavía te afecta hoy.

3) Aceptar que siempre habrá un nivel de miedo

El miedo es humano, es posible que no puedas eliminarlo por completo, pero sin duda puedes obtener más control sobre él. Reconocer cuándo surgen estos momentos en tu relación es fundamental.

4) No culpes a tu pareja por este miedo

Para superar el miedo al abandono, hay que mirar hacia dentro. Si sigues poniendo la responsabilidad en los demás, nunca podrás superarlo.

Específicamente, significa dejar de controlar el comportamiento y seguir cualquier pensamiento basado en el miedo. Esto, por supuesto, es más fácil decirlo que hacerlo.

5) Aceptar la idea de estar solo

No necesitas a otra persona en tu vida para tener valor. Si tu relación termina, tienes la oportunidad de abrazar tu soledad y comprender las experiencias y sentimientos asociados con ella. Estar soltero y en una relación tiene aspectos positivos y negativos.

6) Rodéate de personas que te acepten como eres
Nadie puede resolver todos tus problemas o satisfacer todas tus necesidades. Un grupo sólido de amigos juega un papel sumamente importante en nuestras vidas.

Muchas personas que sufren del síndrome de abandono sienten que nunca han tenido un grupo real con quien relacionarse. Por alguna razón, siempre se han sentido desconectados de los demás.

Sea cual sea la etapa de tu vida, es importante rodearte de personas que puedan aceptarte por lo que eres.

Puedes comenzar tu investigación haciendo una lista de lo que te gusta, tus pasiones. La siguiente etapa es buscar activamente a aquellos que comparten sus intereses.

7) Deja de perseguir a aquellos que no están emocionalmente disponibles.
Algunas personas con este miedo buscan relaciones con personas esquivas y emocionalmente inaccesibles.

Si eres uno de ellos, es importante romper el ciclo y buscar socios que estén listos para tener una relación contigo. No te conformes con aquellos que solo pueden darte el 50% (y a veces incluso menos).

Mereces estar en una relación que te satisfaga al 100%.

Capítulo 6
Ciclo de la violencia y hoovering

El fenómeno de hoovering se enmarca en el ciclo de la violencia en las relaciones abusivas como una fase de "reconciliación" después de un período de abuso. El ciclo de la violencia es un patrón común en las relaciones abusivas y se compone de tres fases: la fase de tensión, la fase de abuso y la fase de reconciliación.

Durante la fase de tensión, la víctima puede sentir que algo malo está a punto de suceder, lo que aumenta la tensión y el estrés en la relación. En la fase de abuso, el abusador ejerce el control y la violencia, que pueden tomar diferentes formas, como el abuso físico, sexual, emocional o financiero.

En la fase de reconciliación, el abusador intenta recuperar el control sobre la víctima y mantener el vínculo afectivo.

El hoovering encaja en la fase de reconciliación porque se utiliza como una herramienta para manipular y controlar a la víctima, para que vuelva a la relación. El abusador puede utilizar tácticas como la promesa de cambiar su comportamiento, pedir disculpas, regalos o mostrar una conducta cariñosa para persuadir a la víctima de volver a la relación.

El hoovering puede ser muy efectivo en la fase de reconciliación, ya que la víctima puede tener sentimientos ambivalentes sobre la relación y quizás estar dispuesta a creer que el abusador cambiará. El manipulador puede utilizar el hoovering para aumentar el sentimiento de dependencia de la víctima, disminuir su autoestima y reforzar la idea de que la relación es necesaria para su felicidad.

En general, el hoovering se utiliza para mantener el control sobre la víctima y perpetuar el ciclo de violencia. Es importante que las personas que están en relaciones abusivas reconozcan las tácticas del abusador y busquen ayuda para salir de la relación.

El ciclo de violencia completo

Las disputas pueden surgir en cualquier pareja sobre varios temas (y a veces son necesarias). Si no hay suficientes argumentos, las emociones toman el control y surgen los conflictos. En este conflicto, por supuesto, hay irritación e ira, pero en realidad no es más que una búsqueda de una solución. La tarea del conflicto es aceptar uno de los puntos de vista o encontrar un compromiso que satisfaga a todos. Una vez que se encuentra una solución, el conflicto termina.

El propósito de la violencia es muy diferente. Para el agresor, lo más importante no es resolver el problema, sino demostrar su superioridad y declarar su poder, por lo que el desarrollo del conflicto no le importa. La violencia no es generada por circunstancias externas, es provocada por el estado interno de la persona.

Los conflictos siempre tienen causas reales: la violencia busca causas;

El conflicto es endémico - la violencia es común. La violencia es más que agresión.

En psicología se describen cuatro tipos de violencia: violencia física, violencia psicológica, violencia sexual y violencia económica. Si hay comentarios despectivos e insultos en la conversación, significa que se ha producido maltrato psicológico. Si el sostén de la familia usa la opresión económica, usa la violencia económica.

El guion de la violencia

La relación victimario-víctima es cíclica. Su naturaleza se divide en cuatro fases que se repiten en el mismo orden.

1.   Tensión creciente
2.   incidente violento
3.   Reconciliación (en donde aparece el hoovering)
4.   "Luna de miel"
y nuevamente "Tensión creciente"

Después de una discusión acalorada, a menudo hay una reconciliación igualmente acalorada, y los socios pasan muy poco tiempo en el idilio que se parece a una luna de miel. Sin los pasos tercero y cuarto, es más fácil para la víctima salir de la relación enferma. Pero llega otra "luna de miel", el amor vuelve a resurgir y parece que esta vez todo irá bien. Desafortunadamente, este no es el caso.

Características del comportamiento del atacante

Este es un hombre que constantemente necesita confirmación de su fuerza. Limita la libertad de su pareja, la controla y la aísla de la comunicación con familiares y amigos. Cuando una mujer vive en aislamiento social, y solo puede comunicarse con su familia, para los psicólogos esto es una señal grave de problemas familiares.

El abusador puede obligar a la pareja a hacer algo humillante o se burla de ella frente a extraños. No están listos para asumir la responsabilidad de sus acciones. A menudo, estas personas no reconocen el abuso ("No la golpeé, solo la empujé un poco") o culpan a la víctima ("Es su culpa"). Los agresores no tienen empatía por naturaleza, por lo que pueden ser crueles incluso con los niños.

Los acosadores se caracterizan por inestabilidad emocional y rápidos cambios de humor. Los abusadores domésticos saben cómo causar una buena impresión. Si es un hombre, los conocidos lo ven como un padre y esposo cariñoso, y su familia es considerada ejemplar. Nadie puede siquiera imaginar que hay una persona completamente diferente en casa a puerta cerrada.

¿Qué hace que las víctimas soporten la violencia?

Estadísticamente, las víctimas de violencia familiar son en su mayoría mujeres, por lo que estamos hablando de ellas. Pero todo lo anterior también se aplica a los hombres como víctimas y a las mujeres como acosadoras.

Las víctimas de la violencia doméstica suelen ser personas con baja autoestima. Suelen ser sugestionables, ansiosas, inseguras, con sentimientos de culpas. Es fácil para ellas culparse a sí mismas: "¿La armonía familiar no es responsabilidad de una mujer? ¿No debería ser ella la guardiana del hogar, una esposa y madre cariñosa?". Estos estereotipos solo refuerzan en la víctima la idea de que el agresor no tiene la culpa, y reprime sus sentimientos de ira.

Las mujeres a menudo ocultan el hecho de la violencia doméstica por vergüenza y miedo a ser juzgadas.

El miedo a vivir de forma independiente y las dificultades de superarción pueden mantener a la víctima cerca del violento. En primer lugar, se trata de mujeres que abandonan sus carreras para dedicarse a sus familias. A menudo no tienen adónde ir y no pueden comenzar una nueva vida. Hay un término en psicología llamado "indefensión aprendida". Si una persona ha hecho varios intentos para cambiar las circunstancias, pero no ha resultado nada, se da por vencida y ya no busca mejorar su vida, aunque tenga esa oportunidad. Esto es lo que le sucede a la víctima. Muchas mujeres intentan influir en la situación de la familia: salir de la casa, tener conversaciones de salvación con el abusador, amenazar con la justicia, etc. Si una mujer usa todos sus recursos y no obtiene nada, luego se vuelve apática y se queda con el criminal.

Consejos para quienes quieren marcar la diferencia

Decir "te dejo" es una solución poco inteligente. Frente a la amenaza de que el mundo que ha construido está a punto de derrumbarse, el criminal se enfurece. Las estadísticas muestran que las luchas de poder ocurren con mayor frecuencia en el momento de un giro brusco. Por lo tanto, es necesario actuar no impulsivamente, sino de acuerdo con un plan bien pensado. El plan debe incluir los siguientes puntos.

• **Vaya a un lugar seguro, como sus padres o un amigo**. Puede ponerse en contacto con algún centro dedicado a la violencia familiar. Cuando se está seguro y a resguardo, uno vuelve a sí mismo y comienza a escuchar su propia voz, sin interferencias. A partir de este estado, puede comenzar a pensar en qué hacer a continuación. Lleve todo lo que necesite (dinero, ropa, medicinas, etc.)

Dígale a su pareja: "He decidido pensar en nuestra relación. Estoy segura"

• **Si viaja con su hijo, debe avisar a las autoridades de tutela** para evitar cargos por robo de niños, impedimento de contacto, etc. más adelante.

• **Comience a trabajar con expertos**: abogados, médicos, psicólogos. ¿Qué tan económicamente dependiente es? ¿Qué tan vulnerable es legalmente? ¿Qué tan fuerte es su vínculo emocional con el abusador? El trabajo integral ayudará a analizar todos los aspectos de su vida.

• **Recolectar evidencia**: Registre todos los incidentes de acoso: tome capturas de pantalla de mensajes amenazantes, grabe llamadas telefónicas. Denuncie a la policía, especialmente si el acosador infringe la ley (daña cosas, agrede en la calle). Incluso si la policía solo "habla" con el agresor, éste se sentirá vigilado.

• **No hay necesidad de negociar**: Evite el contacto con el agresor si es posible. No responda a los mensajes y definitivamente no acepte una reunión privada. Por favor, absténgase de publicar en las redes sociales su situación.

Cada caso es independiente. Para algunas parejas, pasar por una crisis es suficiente para repensar su actitud mutua. Esto es posible si ambas partes quieren mantener la relación y acuerdan cooperar con un psicólogo.

Efectos del hoovering

El hoovering puede tener efectos negativos significativos en la salud emocional y mental de las personas involucradas. Algunos de los efectos más comunes incluyen el impacto en la autoestima, el bienestar psicológico y la capacidad para establecer relaciones saludables en el futuro.

Las personas que están sujetas al hoovering pueden sentirse confundidas y desorientadas, y comenzar a cuestionar su propio juicio y capacidad para tomar decisiones saludables. Esto puede afectar su capacidad para confiar en sí mismos en el futuro y para establecer límites claros en las relaciones.

Las personas que están sujetas al hoovering pueden sentirse estresadas, ansiosas y deprimidas, y pueden tener dificultades para profundizar o para llevar a cabo sus actividades diarias normales. La exposición continua al hoovering puede ser especialmente dañina para las personas que ya tienen problemas de salud mental, como trastornos de ansiedad o depresión.

Finalmente, el hoovering puede tener un impacto negativo en la capacidad de las personas para establecer relaciones saludables más adelante. A su vez, también pueden tener dificultades para confiar en futuras parejas o para establecer límites claros y saludables en sus relaciones. Esto puede hacer que sea difícil para ellos mantener relaciones a largo plazo que sean satisfactorias y saludables.

Capítulo 7
La vulnerabilidad

La autoestima puede jugar un papel importante en la vulnerabilidad de una persona ante el hoovering. Las personas con baja autoestima pueden ser más propensas a sentirse atraídas por una ex pareja que las trata mal, y pueden tener dificultades para establecer y mantener límites saludables. Por otro lado, las personas con una autoestima sólida pueden ser más capaces de reconocer el comportamiento del hoovering y tomar medidas para proteger su bienestar emocional.

Una estrategia efectiva para fortalecer la autoestima y reducir la vulnerabilidad al hoovering es trabajar en la autoaceptación. Esto significa aceptarse a sí mismo como es, con todas las virtudes y defectos, sin juzgarse ni compararse con los demás. La autoaceptación puede ayudar a las víctimas a desarrollar una mayor confianza en sí mismas y a sentirse empoderadas con claras intenciones de dar más de lo que inicialmente creían.

Otra estrategia para fortalecer la autoestima es practicar la autocompasión. Esto significa ser amable y compasivo consigo mismo en momentos de sufrimiento o dificultades, en lugar de criticarse o culparse. La autocompasión puede ayudar a las personas a sentirse más conectadas consigo mismas y a desarrollar una mayor resiliencia emocional.

Además, es importante trabajar en el desarrollo de habilidades de comunicación asertiva para establecer límites claros y firmes. La comunicación asertiva implica expresar las necesidades y deseos de uno de manera clara y directa, sin ser agresivo ni pasivo.

Características de la autoestima

La autoestima es el significado que una persona se da a sí misma en general y a ciertos aspectos de su personalidad, acciones y comportamiento. Está la **autoestima general**, que refleja el nivel de autoestima, autoaceptación general o no aceptación. y la **autoestima privada**, que caracteriza la actitud de una persona hacia varios aspectos de su personalidad, comportamiento, éxito en cierto tipo de actividades, etc. Por ejemplo, alguien se considera una persona mentalmente sana: esto es autoestima general; pero al mismo tiempo se considera mal cocinero, o se le dificulta la actividad física; eso es en su evaluación profunda o privada.

El psicólogo estadounidense William James propuso por primera vez la teoría de la autoconciencia en 1890. Utilizó una fórmula simple para definir la autoestima, diciendo que la autoestima es igual al éxito dividido por nuestras metas, valores y nuestros sentimientos sobre nuestro propio potencial. Es decir, si nuestro desempeño real es bajo y nuestro potencial y metas establecidas son altas, nos consideraremos fracasados. Por el contrario, cuando nuestro éxito supera las expectativas, nos sentimos bien y aumenta nuestra autoestima.

En psicología, la autoestima se caracteriza por ser alta, media y baja; realismo: adecuado e inadecuado (sobreestimación y subestimación); y estabilidad: estable e inestable.

Cómo se forma la autoestima

Según psicólogos la base de la autoestima se sienta en la infancia: "Mi actitud básica hacia mí mismo, independientemente de si me acepto o no, es el resultado de la comunicación con mis padres en la infancia". La escuela también juega un papel importante en la construcción de la autoestima. A diferencia de los padres, los maestros nos dan la primera evaluación social.

A menudo, nuestras experiencias forman la base de nuestra autoestima general. Por ejemplo, aquellos que regularmente reciben evaluaciones excesivamente críticas de familiares y amigos tienen más probabilidades de tener baja autoestima. Aquellos que experimentan lo que el psicólogo estadounidense Carl Rogers llamó "positividad incondicional" tienen más probabilidades de tener una autoestima sana y adecuada. Por autoestima adecuada o saludable, los psicólogos entienden la correspondencia de la percepción que una persona tiene de sí misma con el estado real de las cosas.

Cómo afecta la confianza en uno mismo

Hay muchos factores que afectan la autoestima y, al mismo tiempo, hay muchas cosas que afectan la confianza en uno mismo. Afecta los procesos de toma de decisiones, nuestras relaciones con los demás, la salud emocional.

En los humanos, la autoestima juega un papel regulador y protector.

La función reguladora refleja el grado de satisfacción o insatisfacción con uno mismo y el nivel de autoestima. A su vez, ayuda a una persona a comprender sus éxitos o fracasos y así establecer metas adicionales.

La función protectora asegura la relativa independencia del individuo, que forma sus propios puntos de vista que puede expresar y defender en la comunicación con los demás. Las personas con una autoestima saludable evalúan sus habilidades y establecen metas realistas. Por ejemplo, si una persona no es un atleta profesional, pero quiere correr un maratón, se dará cuenta de que necesita mucho más tiempo para prepararse para la carrera que un atleta experimentado; en base a este conocimiento, decidirá si establece tal objetivo y cómo lograrlo. Al mismo tiempo, esto no significa que las personas con suficiente autoestima no puedan fijarse metas difíciles, lo han hecho y, por lo general, las personas con suficiente autoestima deberían alcanzar sus metas. Tal persona tiene éxito y trabaja al límite de sus capacidades, lo que le permite desarrollarse tanto personal como profesionalmente.

Sin una autoestima lo suficientemente alta, una persona inevitablemente enfrentará el fracaso. Al establecer deliberadamente una meta inalcanzable, es menos probable que una persona la logre, sin importar cuánto lo intente. Y el proceso mismo de lograr este objetivo puede representar una amenaza para la vida y la salud.

Según los expertos, una autoestima inapropiadamente baja no es buena, porque tampoco se la desarrolla. Evita el riesgo, las tareas difíciles, sigue el camino de menor resistencia, tiene miedo de abrirse al máximo, y es presa fácil de aquellos con exagerada autoestima.

Durante la adolescencia, la autoestima de los estudiantes afecta en gran medida casi todo lo que hacen en la escuela: cómo enfrentan las dificultades escolares o la manera en que interactúan con los demás. La baja autoestima reduce el deseo de aprender de un estudiante y de la capacidad de concentrarse en el proceso de aprendizaje. Al mismo tiempo, la autoestima inflada y la actitud interna "Lo sé todo", en principio, puede hacer perder el deseo de aprender cosas nuevas, lo que significa débil desarrollo.

En el área profesional, la baja autoestima puede impedir que una persona trabaje, se desarrolle y obtenga altos ingresos. Puede que sea un buen profesional, tal vez no el mejor, pero bueno. Tal visión de sí mismo a menudo le sugiere que sus acciones solo son regulares, y que no puede aspirar a más, ya que para ello debería ser más inteligente, voluntarioso, concienzudo, paciente, etc.

Autoestima exagerada (Narcisista)

Muchas personas tienen alta autoestima, de hecho, es un intento de compensar la baja autoestima. Suele ocurrir en aquel que se siente que nada le sale bien y todo se le cae de las manos, pero se presenta a los demás exactamente, al contrario: hermoso y encantador, maestro y talentoso. Al mismo tiempo, a menudo recibe admiración y elogios de la gente Tal admiración permite que el narciso no se hunda en su pesimismo, pero el efecto de estos sentimientos externos es de muy corta duración, y pronto la persona nuevamente se siente inútil e impotente, por lo que despliega nuevamente sus encantos manipuladores.

Otro caso de autoestima inflada, explican los expertos, es cuando a un individuo solo se lo elogia en la infancia y nunca se lo crítica lo suficiente, aunque sea objetivamente necesario. En tales situaciones, el afectado no puede comparar adecuadamente sus habilidades con lo que realmente es. A menudo, se sentirá muy seguro y asombrado de sí mismo, pensando que lo que está haciendo es muy bueno, hermoso e importante, cuando en realidad sus resultados son bastante mediocres, si no malos.

Una persona con alta autoestima puede:

- Obsesionarse con mantenerse perfecto
- Enfocarse en tener siempre la razón
- Confiar en que nunca fracasará
- Creer que es más calificado y mejor que los demás
- Expresar buenas ideas

•	Sobrestimar en gran medida sus habilidades y capacidades.

Por otro lado, la baja autoestima puede conducir a diversos trastornos de salud mental, incluidos la ansiedad y los trastornos depresivos. Además, aumenta el riesgo de pensamientos suicidas.

Las personas con baja autoestima pueden:

•	Creer que los demás son mejores que él
•	Tienen dificultad para expresar sus necesidades
•	A menudo experimentan miedo, duda y ansiedad
•	Experimentan un fuerte miedo al fracaso
•	Dificultad para recibir comentarios positivos.
•	Es difícil para ellos hablar y establecer límites personales.

¿Cómo debería ser la autoestima?

Los psicólogos dicen que una autoestima general suficientemente alta y una autoestima privada adecuada de diferentes niveles son efectivas para una persona. Es decir, una persona generalmente puede considerarse una buena persona y aun así comprender sus debilidades.

Por su parte, la baja autoestima no es un problema, sino un síntoma. Por tanto, no es la autoestima en sí lo que hay que mejorar, sino la solución a los problemas que la afectan. En cuanto a las formas generales de mejorar la autoestima, los psicólogos recomiendan reducir la comunicación con las personas que menosprecian su desempeño; cuidarse y hacer cosas que le hagan feliz; establecer límites personales y monitorear su observancia; elogiarse, incluso, por pequeños logros.

La gente suele preguntar qué es mejor: baja autoestima o alta autoestima. La respuesta es sencilla: lo mejor es lo adecuado porque en los dos casos anteriores no se corresponden con la realidad.

Consejos para desarrollar la autoestima

1. **Conocer tus actuales capacidades, limitaciones, habilidades, y demás características y relacionarlas con la realidad objetiva.** Por ejemplo, si alguien quiere un ascenso, pero necesita aprender nuevas habilidades, ponerlas en práctica en lugar de pedir un ascenso "solo porque lo quiere".

2. **Dese una retroalimentación saludable sobre sus actividades**, teniendo en cuenta todos los aspectos de su desempeño, incluyendo los positivos y los negativos. Es decir, no solo elógiese a sí mismo, sino también trabaje duro en sus errores.

3. **Acepte las críticas de los demás, pero no las convierta en parte de su personalidad.** Si a un trabajador se le dice que no está haciendo un buen trabajo, debe entender que solo se trata de la tarea, no significa que sea una mala persona o un mal trabajador. Acepte los elogios apropiadamente. A una persona le gusta y aprecia la opinión favorable que

recibe de los demás, pero esto no debe afectar su relación consigo mismo, y no debe intentar hacer algo digno de elogio para conseguir validación: debe saber que también puede estar bien sin los demás.

4. **Separar la actividad de uno y sus resultados de la personalidad propia:** una persona nunca es simplemente el resultado de su acción. En pocas palabras, si cocinas un panqueque y se quema, no te conviertes en el panqueque quemado, tu personalidad y experiencia no se convierten en el panqueque quemado.

5. **No vale la pena luchar por una autoestima inflada**, dicen los expertos. El hecho es que el verdadero éxito alcanzado por alguien con una autoestima inflada le parecerá incompleto. A nuestro alrededor hay ejemplos de personas con dinero, poder y carreras impresionantes que no están disfrutando de lo que han logrado.

Capítulo 8
Consecuencias
en la salud mental

El hoovering puede tener graves consecuencias en la salud mental de las personas que lo experimentan. Las víctimas de hoovering pueden experimentar una amplia gama de emociones, como tristeza, ira, confusión y culpa. El hoovering también puede desencadenar síntomas de trastornos de ansiedad y depresión, lo que puede afectar negativamente la calidad de vida de las personas.

Es importante que aquellos que han sido víctimas de hoovering reciban apoyo y tratamiento para abordar las consecuencias del abuso emocional. Las estrategias de recuperación pueden incluir terapia individual o de grupo para abordar los efectos psicológicos del "aspirado". La terapia puede ayudar a las personas a procesar sus emociones, a desarrollar habilidades para establecer y mantener límites saludables y a recuperar su confianza y autoestima.

Además, puede serles útil establecer redes de apoyo sólido, ya sea a través de amigos, familiares o grupos de apoyo. Las redes de apoyo pueden proporcionar un espacio seguro para que las personas compartan sus experiencias y reciban el apoyo emocional que necesitan para recuperarse.

En algunos casos, puede ser necesario tomar medidas legales para protegerse del abuso emocional continuo. Si una ex pareja persiste en el "aspirado" y no respeta los límites establecidos, puede ser necesario tomar medidas legales, como obtener una orden de alejamiento o buscar asesoramiento legal.

Neurociencia

El hoovering es una estrategia de manipulación que puede activar ciertas áreas del cerebro y generar dependencia emocional en las víctimas. Estas tácticas están implementadas para influir en la forma en que las víctimas procesan la información y responden a las situaciones, y pueden ser especialmente efectivas en aquellos que han experimentado abuso anteriormente o que tienen vulnerabilidades emocionales.

Cuando una persona es sometida a una acción de manipulación, se le activan ciertas áreas del cerebro que son responsables de procesar la recompensa y la emoción, como el núcleo accumbens y el sistema límbico. Estas áreas liberan dopamina, un neurotransmisor asociado con la sensación de placer y recompensa, que puede crear un ciclo de refuerzo positivo en la mente de la víctima. Como resultado, la persona puede sentirse atraída y apegada al abusador, incluso si se da cuenta de que la relación es tóxica.

Además, el hoovering puede activar la corteza prefrontal ventromedial, que se encarga de la toma de decisiones y la regulación emocional. Esta área del cerebro puede verse afectada por la manipulación emocional, lo que puede dificultar que la víctima tome decisiones racionales y se aleje de la relación abusiva.

Consecuencias de la violencia emocional

Los perfiles psicológicos de las mujeres que experimentan violencia doméstica incluyen varias características importantes que sustentan la "inseparabilidad" de las situaciones de violencia.

1. Baja autoestima, subestimación de las propias capacidades. El violento inspira y perpetúa la creencia de la mujer de que es impotente, incompetente y responsable de la violencia contra ella.

2. Adicción. La mujer se muestra pasiva, inactiva, no cree que sea posible librarse del agresor y en ocasiones incluso muestra tendencias masoquistas en este sentido. A menudo define su identidad a través de sus relaciones con los demás, principalmente con su pareja, mientras pierde la autoestima y su individualidad. La adicción también puede tener un beneficio financiero: la incapacidad de brindar apoyo financiero para ella y sus hijos, por eso no se aleja del opresor.

3. Falta de habilidades de comunicación. Las mujeres que sufren violencia doméstica no tienen depreciadas sus habilidades interpersonales productivas en sus relaciones. Tienden a ignorar su estado mental inestable, que se caracteriza por la incapacidad para reconocer las emociones y controlar su comportamiento, comprender sus necesidades y formas de satisfacerlas, y entender cómo resolver conflictos. Privadas de una comprensión clara de sus límites mentales y físicos, estas mujeres comienzan a confiar en los demás y se abren a los otros demasiado rápido, o no confían en nadie y se cierran por completo.

4.   Aislamiento. La víctima femenina a menudo está aislada porque su esposo controla estrictamente sus interacciones sociales. Separada de la sociedad, sin nueva información sobre el mundo exterior, una mujer se vuelve dependiente. Después de ser golpeada, continúa aislándose emocional y/o físicamente por vergüenza y miedo.

5.   Impotencia. Esto puede deberse a la posición dominante del perpetrador, su control activo y deseo de controlar a la víctima, aislándola del mundo exterior. El sentimiento de impotencia suele ser tan fuerte que las mujeres son incapaces de tomar decisiones, cuidar de sí mismas y planificar el futuro. A menudo, todo esto conduce a la depresión y los sentimientos suicidas. Por lo general, las mujeres victimizadas no quieren ayudarse a sí mismas, pero quieren que sus parejas cambien.

6.   El predominio de mecanismos de defensa psicológicos no constructivos: racionalización, negación, fusión, sustitución, etc. A una mujer que es víctima de violencia doméstica le cuesta admitir la verdad y además está psicológicamente muy confundida. En algunos casos, los mecanismos de defensa psicológica pueden ayudar a las víctimas a sobrevivir al abuso. Entonces, sin embargo, hay un deseo de menospreciar, de buscar explicaciones o de negar que se haya utilizado la violencia. La negación de la violencia ocurre inconscientemente, pero el proceso de negación en sí mismo va acompañado de la privación de la integridad personal, la violación de la salud física y mental y la discriminación débil de los propios sentimientos y, a veces, incluso una falta total de racionalidad.

7.   Aumento de la ansiedad. Para las víctimas de violencia, la ansiedad se manifiesta como: hiperreactividad al peligro percibido; mayor necesidad de control; interpretación errónea de estímulos interpersonales objetivamente neutrales o positivos como amenazantes o peligrosos; síntomas somáticos. La violencia es inherentemente aterradora, por lo que no sorprende que las víctimas de violencia doméstica a menudo sientan ansiedad y miedo mucho después de que el abuso haya cesado. Los actos de violencia crean una amenaza física real que provoca un miedo natural a la vida.

Los psicólogos que tienen que trabajar con víctimas de violencia en su trabajo saben de la más profunda convicción que sienten ellas por creerse culpables del maltrato recibido. Estas víctimas de abuso tienden a tener baja autoestima y se autoflagelan. Encuentran malas acciones en su comportamiento por las que pueden ser castigadas y por las que finalmente son castigadas. Las mujeres lo definen como algún tipo de acto inmoral que realmente cometieron, o imaginaron que cometieron, como una violación de una norma interna, o como una traición. Una y otra vez, se sienten culpables por no poder "evitar" el abuso hacia ellas por el hecho de que vuelven a "destruir las relaciones de pareja". Este sentimiento suele ser reforzado por todo el comportamiento del maltratador, que infunde culpa y vergüenza en la víctima durante y después del acto de violencia. Este sentimiento puede surgir y perseguir a una mujer durante mucho tiempo y, a menudo, se manifiesta en relaciones más aisladas con los demás.

Es importante señalar que los sentimientos de resentimiento, humillación y miedo experimentados por la víctima ante una situación de violencia constantemente repetida son un mecanismo compensatorio de autojustificación, que permite a la víctima no responsabilizarse de sus propios actos y desviar la solución de los problemas de violencia a su torturador.

Capítulo 9
La prevención del hoovering

Cómo reconocer y evitar el abuso emocional en las relaciones

Enfrentar el hoovering puede ser un desafío, pero hay diferentes estrategias que pueden ayudar a las personas a manejar el comportamiento y a proteger su bienestar emocional. Algunas estrategias que pueden ser útiles incluyen la comunicación clara de los límites, la búsqueda de apoyo y la terapia.

Una estrategia efectiva para enfrentar el aspirado es comunicar los límites. Esto significa establecer parámetros claros con la otra persona y mantenerlos firmes, incluso si el otro intenta manipular o presionar para que cambie de opinión. Es importante comunicar estos límites de manera clara y directa, sin dejar lugar a ambigüedades, y estar dispuesto a tomar medidas si la otra persona no los respeta.

Los límites saludables incluyen tener una idea clara de lo que es aceptable para uno y comunicarlo claramente a la pareja. También implica saber cuándo es necesario poner fin a una relación y no ceder ante la presión emocional del otro.

Buscar apoyo también puede ser una estrategia efectiva para enfrentarse al "aspirador". Esto puede incluir hablar con amigos y familiares de confianza, unirse a un grupo de apoyo o buscar asesoramiento de un terapeuta. El apoyo externo puede ayudar a las personas a procesar sus sentimientos y a desarrollar estrategias para manejar el comportamiento del aspirador de manera efectiva.

La terapia también puede ser una herramienta útil para las personas que están lidiando con el hoovering. Un terapeuta puede auxiliar a las personas a entender por qué están sujetas al dominador y a desarrollar estrategias efectivas para manejar la situación. La terapia también puede hacer que las víctimas procesen sus emociones y a desarrollar habilidades para establecer y mantener relaciones exitosas en el futuro.

La mejor manera de evitar el hoovering es prevenir el abuso emocional en las relaciones. Una forma de hacerlo es aprender a reconocer las señales de advertencia temprana del abuso emocional. Algunas señales comunes incluyen la crítica constante, la manipulación, la violencia verbal, la falta de respeto hacia los límites y las necesidades personales, el control y la posesión.

Es importante desarrollar una buena comunicación en la relación para evitar el hoovering. La comunicación abierta y honesta puede ayudar a abordar cualquier problema de relación a medida que surja, antes de que se convierta en abuso emocional.

Además, es importante desarrollar una buena autoestima y confianza en uno mismo. Las personas con una buena autoestima son menos propensas a caer en relaciones abusivas y son más capaces de establecer y mantener su individualidad en los vínculos afectivos.

Reconocer los primeros signos de manipulación

• **Humillación, negación, crítica**: Estas tácticas agresivas están diseñadas para destruir la autoestima de la víctima y son principalmente verbales. Veamos algunos ejemplos:

Uso de apodos: Usar palabras ofensivas para referirse a otro como "estúpido", "perdedor" o "insensible".

Generalización: Uso de la palabra "siempre", por ejemplo: "Siempre llegas tarde, eres incapaz, te portas mal, eres desagradable, etc.

Vociferar: Gritar y maldecir tienen la intención de intimidar y hacer sentir pequeño e insignificante al otro. Los gritos también pueden ir acompañados de golpes o lanzamiento de objetos.

Burlas: Uso de frases para hacer sentir a la víctima como un incompetente, por ejemplo: "Sé que lo estás intentando, pero está más allá de tu comprensión".

Avergonzar en público: Revela secretos de la pareja o se burla de ella en público.

Sarcástico: Cuando el otro reacciona, responde que estaba bromeando y que no se lo debe tomar en serio.

Insultar la apariencia de la pareja: Desprecia la apariencia, la forma de vestir, el caminar, etc. del otro.

Minimiza los intereses y logros de su pareja: puede decir que los pasatiempos e intereses del otro son una pérdida de tiempo infantil. Lo mismo se aplica a todos los resultados logrados en la vida.

Golpea puntos débiles: Las personas que utilizan el maltrato psicológico en contra de su pareja, sabiendo lo que le molesta, tienden a repetirlo una y otra vez.

• **Control y humillación**: Tratar de hacer sentir al otro avergonzado de sus defectos es solo otro camino hacia un mayor poder. Ejemplos:

Amenaza: Dice que, si no se hace lo que él quiere, habrá malas consecuencias.

Vigilancia: quiere saber todo lo que hace el otro, donde está y con quién en cada momento. Controla cartas, computadora, teléfono, etc. Esto también se aplica a las actividades financieras, donde él decide su curso.

Expresa comandos directos: ¡Tráeme la cena rápido!" y espera a que se ejecute rápido.

Tiene mal genio: si no se hace lo que dice, reacciona con rabia. Trata a su pareja como a un niño: Le dice qué ponerse, qué y cuánto comer, cuándo salir o con quién pasar el tiempo.

Usa a otros para menospreciar: Además de avergonzar en público, los abusadores pueden decir cosas como "todos piensan que estás equivocada" o "todos dicen que estás media loca" para hacer sentir al otro culpable o acrecentar su baja autoestima.

• **Culpar, acusar, negar**: Este comportamiento se deriva de las inseguridades del abusador y tiende a crear una jerarquía en la que él está arriba y su pareja está abajo. Algunos ejemplos:

Muestra celos excesivos: lo acusa de coquetear o engañarlo, incluso si no hay evidencia de ello. Sin embargo, niega todo: Quienes cometen abuso psicológico muchas veces niegan de lo que hablan, aunque sepan de lo que hablan. Este mecanismo, conocido como gaslighting (común en personalidades narcisistas), se usa para hacerle cuestionar a su víctima su memoria y cordura.

Fomenta la culpabilidad: todo lo que sale mal depende del otro y de lo que hace o deja de hacer.

Acusa al otro de usar la violencia: Sí, en algunos casos, los abusadores se protegen acusando a la pareja de tener problemas de ira y descontrol, y de ser él una víctima vulnerable.

Culpa al otro por sus problemas: todo lo malo en su vida es culpa del otro.

• **Negligencia emocional, abuso y aislamiento**
Los abusadores tienden a anteponer sus propias necesidades emocionales a las de la pareja: esto puede alienar al otro y hacerlo más dependiente de ellos. Veamos algunos ejemplos:

Se interpone en la socialización: cuando el otro quiere salir o conocer gente, pone excusas o aconseja no ir.

Se interpone entre su pareja y la familia de ella: Le dice que no vea a su familia o los evite con excusas.

Aislamiento personal: si no correspondes a sus expectativas, aísla o evita activamente al otro, ignorando sus intentos de comunicarse.

Intenta que otras personas ataquen a su pareja: Les dice a los amigos y familiares que su pareja es inestable, por lo que hay que combatirla.

Indiferente: Incluso cuando ve llorar y sufrir a su pareja, no la apoya, sino que le dice que se detenga y, a menudo, la ataca. Además de esto, la denigra, maltrata y no le da valor a lo que ella siente.

Por lo tanto, los efectos de la violencia pueden ser muy variados y complejos. Las víctimas experimentan ansiedad constante y pueden experimentar sentimientos de abandono, rechazo, impotencia, culpa y vergüenza. Puede llegar a no tener placer en ninguna actividad (anhedonia) hasta trastornos reales como los trastornos depresivos o el estrés postraumático (TEPT).

Capítulo 10
Recuperación después del hoovering

Experimentar el hoovering puede ser un proceso doloroso y difícil de superar. A menudo, la víctima se siente confundida, traumatizada y vulnerable después de haber sido objeto de abuso emocional. Sin embargo, hay pasos que puede tomar para ayudarse a recuperarse y seguir adelante después de experimentar el hoovering.

En primer lugar, es importante reconocer que no tiene la culpa de lo que ha sucedido. El abuso emocional es una forma de manipulación y control por parte del abusador, y no es su responsabilidad haber sido víctima de ello.

En segundo lugar, es importante buscar apoyo emocional de amigos, familiares y profesionales de la salud mental. Hablar sobre lo que ha sucedido puede ayudarle a procesar sus emociones y encontrar formas de superar el trauma.

En tercer lugar, es importante establecer y mantener una relación saludable con el abusador. Esto puede implicar cortar completamente el contacto con la persona, establecer límites claros en la comunicación o buscar la ayuda de las autoridades si la situación lo requiere.

En cuarto lugar, es importante enfocarse en el autocuidado y el bienestar emocional. Esto puede incluir hacer ejercicio periódico, seguir una dieta saludable, dormir lo suficiente y practicar técnicas de relajación como la meditación o el yoga.

En quinto lugar, es importante reconocer y desafiar los patrones de pensamientos negativos que pueden haber surgido como resultado del abuso emocional. Esto puede implicar trabajar con un profesional de la salud mental para cambiar las creencias negativas sobre si mismo y sobre las relaciones.

Terapias para contrarrestar el hoovering

Existen diferentes abordajes terapéuticos que pueden ayudar a las víctimas del hoovering a recuperarse y reconstruir su autoestima después de una relación abusiva. Algunos de estos abordajes terapéuticos son:

Terapia cognitivo-conductual (TCC): La TCC se centra en identificar y cambiar patrones de pensamientos y comportamientos disfuncionales. En el caso del hoovering, el terapeuta puede ayudar a la víctima a reconocer patrones de pensamientos negativos y a cuestionar y cambiar estos pensamientos. Además, la TCC puede ayudar a la víctima a establecer límites saludables y a aprender habilidades de comunicación efectiva.

Terapia de aceptación y compromiso (ACT): La ACT se centra en la aceptación de los pensamientos y sentimientos negativos, en lugar de intentar suprimirlos o controlarlos. En el caso del hoovering, la ACT puede ayudar a la víctima a aceptar los sentimientos de dolor y tristeza y a tomar acciones en línea con sus valores y objetivos a largo plazo.

Terapia centrada en la persona: La terapia centrada en la persona se concentra en la relación entre el terapeuta y el paciente y en la creación de un ambiente de aceptación y comprensión. En el caso del abuso, esta terapia puede ayudar a la víctima a procesar las emociones relacionadas con el abuso y a reconstruir la autoestima a través de la aceptación incondicional por parte del terapeuta.

Terapia del trauma: La terapia del trauma se centra en el procesamiento de los traumas pasados presentes y en la creación de un sentido de seguridad y estabilidad. En el caso del hoovering, la terapia del trauma puede ayudar a la víctima a procesar los traumas relacionados con el abuso y a brindar un sentido de seguridad y estabilidad emocional.

Es importante recordar que cada persona es única y puede responder de manera diferente a diferentes abordajes terapéuticos. Es importante buscar un terapeuta que se adapte a las necesidades y preferencias de cada persona y trabajar juntos para crear un plan de tratamiento personalizado. Además, también es fundamental tener en cuenta que la recuperación puede ser un proceso largo y difícil, pero con la ayuda adecuada, es posible reconstruir la autoestima y recuperarse del abuso emocional.

Cómo ayudar a alguien que está experimentando hoovering

Si conoces a alguien que está experimentando hoovering, es importante que sepas cómo ayudar a esa persona a superar el abuso emocional y salir de la situación. Aquí hay algunos consejos que pueden ayudar a alguien que está experimentando hoovering:

En primer lugar, es importante escuchar sin juzgar y validar los sentimientos de la persona. Escucha con atención lo que te está diciendo, haz preguntas para aclarar cualquier cosa que no entiendas y asegúrate de que se sienta escuchada y detectada.

En segundo lugar, es importante ofrecer apoyo emocional. Puede ser difícil para alguien que está experimentando una "aspiración" mantener una perspectiva saludable, por lo que es fundamental ofrecer un punto de vista objetivo y brindar apoyo emocional durante este tiempo difícil.

En tercer lugar, es significativo ayudar a la persona a establecer límites saludables con el abusador. Puede sugerir que la persona corte todo contacto con eél, establezca un trato claro en la comunicación o busque la ayuda de las autoridades si la situación lo requiere.

En cuarto lugar, es sustancial ayudar a la persona a buscar ayuda profesional. La terapia y otros tipos de intervención profesional pueden ayudar a la persona a procesar sus emociones y encontrar formas de superar el trauma.

En quinto lugar, es importante ofrecer recursos útiles. Hay muchas organizaciones y recursos disponibles para ayudar a las personas que están experimentando hoovering. Puede proporcionar información sobre estas organizaciones y recursos o colaborar para que contacte con ellas.

Hoovering en línea

La violencia en las relaciones no se limita a las interacciones en persona, sino que también puede ocurrir a través de las redes sociales y la tecnología. El mal uso de las redes sociales y la tecnología puede intensificar la violencia y el abuso en una relación.

Los abusadores pueden utilizar las redes sociales y la tecnología para controlar a sus víctimas y monitorear su actividad en línea. Por ejemplo, pueden enviar mensajes de texto constantes, exigir pruebas de ubicación o al acceso (claves) a las cuentas de sus redes sociales. También pueden publicar contenido negativo sobre ella en línea, difundir información privada o íntima sin su consentimiento, o incluso hacerse pasar por la víctima en línea. También pueden utilizar la tecnología para crear cuentas falsas o hacerse pasar por otras personas para acceder a la vida de la acosada.

Este tipo de comportamiento puede tener un efecto devastador en la salud mental y emocional del damnificado. La víctima puede sentirse constantemente monitoreada, perseguida y sin privacidad. También puede experimentar ansiedad, depresión y baja autoestima como resultado del abuso en línea.

Es importante que los afectados por tales prácticas comprendan que el abuso en línea es igual de perjudicial que el abuso en persona y que deben tomar medidas para protegerse. Algunas medidas que se pueden ejecutar incluyen:

Configuración la privacidad de las cuentas de redes sociales: Las víctimas pueden configurar la privacidad de sus cuentas de redes sociales para que solo los amigos y familiares de confianza tengan acceso a su información personal.

Bloquear al abusador: Las víctimas pueden bloquear al abusador en todas las plataformas de redes sociales y en sus cuentas de correo electrónico para limitar su acceso hacia ellas.

No responder a mensajes no deseados: Las víctimas no deben responder a mensajes no deseados ni ceder a las demandas del abusador.

Informar a la plataforma de redes sociales: Pueden y deben informar a la plataforma de redes sociales sobre el comportamiento abusivo del abusador para que se tomen medidas.

Buscar apoyo: Las víctimas deben buscar apoyo emocional y psicológico durante y después de una relación abusiva. Esto puede incluir la terapia, el apoyo de amigos y familiares y la participación en grupos de apoyo en línea o en persona.

Es importante tomar medidas para prevenir el abuso en línea y promover relaciones saludables y seguras.

La sociedad en su conjunto también puede tomar medidas para prevenir el mal uso de las redes sociales y la tecnología, incluyendo la educación sobre el comportamiento en línea saludable y seguro y la eliminación de contenido violento o abusivo en línea.

Por su parte, ya hemos visto como el hoovering es una táctica utilizada por los abusadores para mantener el control y la influencia sobre sus víctimas, incluso después de que la relación haya terminado. En la era digital, la tecnología y las redes sociales pueden ser utilizadas para intensificar esta táctica, lo que aumenta la prevalencia del hoovering en las relaciones actuales. Es importante tomar medidas para prevenir su propagación y proteger a las víctimas de este tipo de abuso.

La facilidad y rapidez con la que la información se puede compartir en línea también puede contribuir a la propagación del "aspirador". Los abusadores pueden publicar contenido que afecte negativamente a la víctima o difundir información privada o íntima sin el consentimiento de ella, con o sin intención de extorsionarla para que regrese a la relación.

Algunas medidas que se pueden tomar incluyen:

Establecer parámetros firmes: Es importante establecer hasta dónde se le permitirá al abusador relacionarse con la víctima (por ejemplo, en el caso que haya hijos o que trabajen juntos). Esto puede incluir bloquear sus cuentas de redes sociales, limitar el acceso a la información personal y establecer límites sobre el contacto por correo electrónico o mensaje de texto.

Fortalecer la privacidad en línea: Se debe configurar la privacidad de sus cuentas de redes sociales, cambiar las contraseñas con frecuencia y asegurarse de que sus perfiles no contengan información personal o íntima.

Aprender a identificar el hoovering: Las víctimas deben estar informadas sobre los signos del hoovering para poder identificar cuando están siendo objeto de esta táctica y tomar medidas para protegerse.

Llevar un registro: Sería muy útil llevar un cuaderno donde anotar las cuentas falsas, fechas y textos de los mensajes recibidos, como pruebas del acoso.

En última instancia, la mejor manera de prevenir la propagación del hoovering en las relaciones actuales es educar y concientizar a la sociedad sobre la prevalencia de este tipo de abuso y la importancia de tomar las precauciones necesarias para protegerse. Todos debemos tomar medidas para promover relaciones saludables y seguras y trabajar juntos para prevenir la propagación del hoovering en todas sus formas.

########

¿Disfrutaste leyendo este libro? Si lo has hecho y encontraste un beneficio para ti, realmente agradecería tu apoyo. Solo te pido que te tomes un pequeño espacio de tiempo para escribir una reseña en amazon; será muy valioso para mí. Muchas gracias.

#########

Si deseas ampliar la información puedes acudir a otros libros del mismo autor en amazon:

- Amores que asfixian: Obsesivos, celosos y perversos
- Necesidad de un cambio: Las claves para lograrlo

www.ingramcontent.com/pod-product-compliance
Lightning Source LLC
Chambersburg PA
CBHW071359130726
47996CB00002B/1002

9 798822 363400